Antworten
für
die Seele

Carol Bolt

Antworten für die Seele

Aus dem Amerikanischen
von Michael Wallossek

Scherz

Die Originalausgabe erschien 2003 unter dem Titel
»The Soul's Book of Answers«
bei Stewart, Tabori & Chang, La Martinière Groupe

www.fischerverlage.de

Erschienen bei Scherz, ein Verlag der
S. Fischer Verlag GmbH, Frankfurt am Main

Gesamtherstellung: Ebner & Spiegel, Ulm
Printed in Germany

ISBN 3-502-15009-5

So können Sie *Antworten für die Seele* ganz unkompliziert als
Inspirationsquelle zur Klärung persönlicher Fragen nutzen:

◎ Nehmen Sie das geschlossene Buch in die Hand,
konzentrieren Sie sich einige Sekunden lang in Gedanken
auf die Frage, die Sie persönlich beschäftigt,
oder sprechen Sie diese laut aus.
All Ihre Fragen sollten offen formuliert sein,
zum Beispiel folgendermaßen:
»Wie sollte ich mit dieser Situation umgehen?«
Oder: »Was muss ich tun, damit . . .?«

◎ Lassen Sie währenddessen Ihren Daumen
über die Seiten des Buches gleiten.
Sobald Sie das Gefühl haben, der richtige Moment sei
gekommen, halten Sie inne. Schlagen Sie das Buch dann an der
betreffenden Stelle auf: Nun haben Sie die Antwort vor Augen.

◎ Sie können das Buch auf diese Weise
für alle Ihre Fragen zu Rate ziehen.
Sie werden zu überraschenden Einsichten gelangen.

SPRICHWORT DER KIKUYU, KENIA, AFRIKA

Kämpfen die Elefanten,
so hat das Gras darunter zu leiden.

PSALMEN 5, 12

Glücklich sind all jene,
die Zuflucht nehmen in Gott.

MAHATMA GANDHI

Eine offen und ehrlich
ausgetragene
Meinungsverschiedenheit
kann sehr wohl davon zeugen,
dass man echte Fortschritte
macht.

RUMI (MESNEWI)

Des Herzens Licht
des Augenlichtes Quell ist,
durch dieses Licht
nur unser Auge hell ist.

PAUL GAUGUIN

Schließt eure Augen,
damit ihr sehend werdet.

DAS BUCH DEUTERONOMIUM 23, 24

Gib Acht, was dir
über die Lippen kommt.

BUCH DER SPRICHWÖRTER 11, 27

Wer nach Gutem strebt,
dem wird man mit Freundlichkeit
und Wohlwollen begegnen.
Wer hingegen nach Unheilvollem
sinnt, den ereilt selbst das Unheil.

DIE UPANISCHADEN, MANU SMRITI

Lasst euer Verlangen nicht unstillbar werden. Je mehr ihr bemüht seid, es zu stillen, umso größer wird es werden – so wie ein Feuer, in das man Öl hineingießt, nur noch stärker angefacht wird.

BHAGWAN SHREE RAJNEESH

Ein Wunsch erzeugt zehn.

BALTASAR GRACIAN

Mit offenen Karten zu spielen,
ist weder nützlich noch angenehm.
Was einen im Innersten bewegt,
sollte man nicht vor jedermann
enthüllen.

LAOTSE, TAO TE KING

Der Berufene stellt niemals
eigene Größe dar.
Daher bringt er Großes zustande.

DIE TAOISTISCHEN HUAINAN-MEISTER

Eine große Sache daraus zu
machen, dass man Gutes tut, ist so,
als würde man eine große Sache
daraus machen,
dass man Schlechtes tut –
– beides kommt dem *Weg* nicht nahe.

BUCH DER SPRICHWÖRTER 1, 5

Der Weise hört zu
und gewinnt an Einsicht.

SPRICHTWORT DER LUHYA, KENIA, AFRIKA

Nur wo Wasser ist, braucht man
eine Brücke zu bauen.

JOHANNES 8, 32

Erkennt die Wahrheit, und die
Wahrheit wird euch frei machen.

DHAMMAPADA, 8. KAPITEL

Wer anderen stets Ehrerbietung
und Respekt erweist, bei dem
werden vier Dinge zunehmen:
Langlebigkeit, Schönheit, Glück
und Stärke.

JOHANNES 3, 18

Eure Liebe darf sich nicht in leeren Worten erschöpfen. Um wirkliche Liebe muss es sich handeln: um eine Liebe, die sich in Handlungen kundtut.

THICH NHAT HANH

Woran ein Mensch glaubt,
darauf kommt es weniger an
als auf seine tatsächliche
spirituelle Praxis.

DER PREDIGER SALOMO (DAS BUCH KOHELET) 9, 10

Alles, was deine Hand zu tun vorfindet, das tue mit ganzer Kraft.

DIE UPANISCHADEN, YAJURVEDA

Mögest du, im Geist von guten
Absichten motiviert,
treffliche Handlungen vollbringen.

MATTHÄUS 7, 7

Bittet, so wird euch gegeben.
Suchet, so werdet ihr finden.
Klopfet an, so wird euch aufgetan.

RÖMER 12, 6–8

Gott hat jedem von uns andere
Gaben verliehen.
Nutzt diese Gaben voller Freude.

MOSIAH 5, 15 (DAS BUCH MORMON)

Standhaft und unerschütterlich
sollt ihr sein.

BUCH DER SPRICHWÖRTER 12, 18

Unbesonnene Worte können so
verletzend sein wie ein Schwert.
Die Zunge des Weisen hingegen
bringt Heilung.

BHAGAVADGITA

Von jeglicher Dualität solltest du
frei werden, ebenso von aller Sorge
um Gewinn und Sicherheit,
und fest gegründet sein im Selbst.

MATTHÄUS 5, 25

Schließe rasch Frieden mit deinem Widersacher, solange du mit ihm noch auf dem Weg zum Gericht bist. Sonst wird er dich vor den Richter bringen, der Richter wird dich dem Gerichtsdiener überantworten, und du wirst ins Gefängnis geworfen.

SRILA GOVINDA MAHARAJ

Nichts kann uns widerfahren,
wenn es uns nicht von unserem
innersten Wesen her zukommt.
Auf dieser Gewissheit
beruht die Furchtlosigkeit.

MATTHÄUS 7, 1–2

Richtet nicht, auf dass ihr
nicht gerichtet werdet.
Denn wie ihr richtet,
werdet ihr gerichtet werden,
und nach dem Maß, mit dem ihr
messt und zuteilt,
wird euch zugeteilt werden.

MATTHÄUS 7, 13–14

Tretet ein durch die enge Pforte.
Denn weit ist die Pforte, die ins
Verderben führt; der Weg dahin ist
breit, und viele wandeln auf ihm.
Die Pforte hingegen, die zum Leben
führt, ist eng; der Weg dahin
schmal, und nur wenige finden ihn.

DHAMMAPADA, 21. KAPITEL

Kann man umfassendes Glück
erfahren, indem man auf eine
begrenzte Freude verzichtet,
so entsagt der auf umfassendes
Glück bedachte Weise der
eingeschränkteren Freude.

BUCH DER SPRICHWÖRTER 15, 15

Wer frohen Herzens ist,
hat stets Feiertag.

NAGARJUNA

Auch wenn ihr sehr wohl zwischen heilsamen und unheilvollen Handlungen zu unterscheiden versteht, solltet ihr, um wirklich an euch arbeiten zu können, den Rat eines qualifizierten spirituellen Freundes suchen.

MATTHÄUS 7, 12

Handelt anderen gegenüber stets
so, wie ihr von ihnen behandelt
werden möchtet.
Denn das entspricht der
Gesetzmäßigkeit der Dinge
und der Lehre des Propheten.

ELIJAH DE VIDAS

Erhebt euch,
und trefft schleunigst
eure Vorkehrungen
für diese Reise.

JEREMY TAYLOR

Trachtet nicht zu sehr danach,
die Meinung der anderen zu
ändern.

NELSON MANDELA

Niemand gelangt im Alleingang
zum Erfolg.

JEREMY TAYLOR

Betrachtet die Schwächen eurer
Mitmenschen mit großer Nachsicht.

CHINESISCHES SPRICHWORT

Mit den Schwächen und Fehlern
der anderen sollte man
ebenso behutsam umgehen
wie mit den eigenen Schwächen
und Fehlern.

DIE GNOSTISCHEN EVANGELIEN,
THOMASEVANGELIUM 45, 29–31

Bringe hervor, was in dir ist.
Dann wird das,
was du hervorbringst,
dich retten.

DER PROPHET MOHAMMED

Sämtliche Handlungen
werden nach ihren Beweggründen
beurteilt.

DIE GNOSTISCHEN EVANGELIEN,
EVANGELIUM DER WAHRHEIT 21, 11–22, 15

Wer erkennt,
empfängt und zieht an,
was ihm eigen ist . . .
Wer auf diese Weise erkennt,
weiß, woher er gekommen ist
und wohin er geht.

HILDEGARD VON BINGEN

Schau dich gut um. Siehst du,
dass etwas beschmutzt ist,
reinige es; und was vertrocknet war,
lass grünen und sprießen.

HILDEGARD VON BINGEN

Gib Acht, dass du die eigene Bürde trägst, und in der Börse deines Herzens sammle die guten Werke.

HILDEGARD VON BINGEN

Euer Amt ist Engelsdienst,
und ihr wisst, wo die starken
Grundlagen zu legen sind.

BHAGAVADGITA

Winter und Sommer,
Freude und Leid –
diese Erscheinungen sind
unbeständig. Da sie auf
Sinneswahrnehmungen beruhen,
entstehen und vergehen sie.
Darum sollst du sie hinzunehmen
lernen.

HILDEGARD VON BINGEN

Sei stark, und hülle dich in die
Waffen des Lichtes!

BHAGAVADGITA

Tue, was zu tun ist,
ohne an den Früchten deiner
Handlungen zu haften.
So erreichst du das Höchste.

JUAN DE LA CRUZ

Wer zu Allwissenheit gelangen
möchte, sollte nichts zu wissen
begehren. Um jenes Wissen,
das ihr nicht habt, zu erlangen,
müsst ihr einen Weg einschlagen,
auf dem ihr nichts wisst.

JUAN DE LA CRUZ

Um die Freude,
die ihr nicht habt, zu erlangen,
müsst ihr einen Weg einschlagen,
auf dem es euch nicht
um Freude geht.

SEINE HEILIGKEIT DER XIV. DALAI LAMA

Mitgefühl gehört zu jenen elementaren Dingen, die unserem Leben Sinn geben. Es ist die Quelle der Freude und allen dauerhaften Glücks. Und es bildet die Grundlage für ein gutes Herz – für eines, das aus dem Bedürfnis heraus handelt, anderen helfen zu wollen.

SOGYAL RINPOCHE

Voll unermesslichen Mitgefühls
sollltet ihr euch von ganzem Herzen
spontan für andere öffnen.

BALTASAR GRACIAN

Auf übersteigerte Erwartungen
sollte man sich nicht einlassen.

BALTASAR GRACIAN

Man sollte wissen,
wozu man besonders fähig ist, sein
hervorstechendes Talent kennen,
dieses dann ausbilden und den
übrigen Talenten nachhelfen.

NAGARJUNA

Das Unsichtbare wird vor euch
in Erscheinung treten und
wieder unsichtbar werden.

JOHANNES 16, 33

Seid guten Mutes.

BALTASAR GRACIAN

Man sollte denken wie die wenigsten und reden wie die meisten.

BALTASAR GRACIAN

Gründlichkeit und Tiefe sind
erstrebenswert:
Mit Scharfblick und
Urteilsvermögen Begabte
durchschauen hohle
Oberflächlichkeit.

THICH NHAT HANH

Selbst ein einmaliges
Händeklatschen kann
Auswirkungen auf ein fernes
Gestirn haben, sagen manche
Wissenschaftler.
Alles steht unter dem Einfluss von
allem anderen.

CHIEF SEATTLE (HÄUPTLING DER DUWAMISH-INDIANER)

Was auch immer ihr dem Gewebe des Lebens antut, das tut ihr euch selbst an. Alle Dinge sind miteinander verknüpft, denn ein innerer Zusammenhang verbindet alle Dinge.

DHAMMAPADA, 24. KAPITEL

Macht euch frei von der
Vergangenheit.
Macht euch frei von der Zukunft.
Macht euch frei von dem,
was zwischen Vergangenheit und
Zukunft liegt.
Setzt zum anderen Ufer über.

BHAGWAN SHREE RAJNEESH

Die Gegenwart ist nicht Teil der Zeit.
Die Gegenwart ist Teil der Ewigkeit.
Alles Vergangene ist Zeit, und alles,
was kommen wird, ist Zeit.
Das, was ist, ist nicht Zeit.
Denn es geht nie vorbei.
Es ist immer da.
Das Jetzt ist immer hier.
Dieses Jetzt ist ewig.

ISNA-IA-WICA LONE MAN (TETON SIOUX)

Nur auf uns selbst gestützt, können
wir nichts Bedeutendes erreichen.

BALTASAR GRACIAN

Sich in gute Gesellschaft zu
begeben, ist der kürzeste Weg,
ein ganzer Mensch zu werden.

BALTASAR GRACIAN

Niemals sollte man mehr Kraft aufwenden, als es die betreffende Angelegenheit gerade erfordert.

DER ZEHNTE GURU GOBIND SINGH

Was immer getan werden soll,
der Herr tut es.

LAOTSE, TAO TE KING

Übe dich im Nichthandeln,
deine Beschäftigung sei
Nichtbeschäftigung, finde
Geschmack am Nichtgeschmack.

LAMA GENDÜN RINPOCHE

Nichtdenken ist ein freier,
in natürlichem Gewahrsein
verweilender Geisteszustand.
In diesem erscheinen zwar
Gedanken, allerdings haften wir
nicht an ihnen, so dass kein
»Denken«, kein Gedankenprozess
im üblichen Sinne des Wortes,
entsteht.

KABIRS GESÄNGE LXXX

Das Nichtbedingte ist der Same,
das Bedingte ist Blüte und Frucht.
Wissen ist der Zweig und der Name
die Wurzel. Überzeuge dich selbst
davon, wo die Wurzel ist. Gelangst
du an die Wurzel, so hältst du das
Glück in der Hand.

BUCH DER SPRICHWÖRTER 3, 3

Herzlichkeit und Treue sollen
niemals von dir weichen.
Binde sie dir um den Hals,
und graviere sie dir auf die Tafel
deines Herzens!

'ABDU'L-BAHA'I

Erst angesichts von Widrigkeiten
wird sich die Tauglichkeit einer
Seele erweisen, da sie dann auf den
Prüfstand ihrer eigenen
Handlungen gestellt wird.

BUCH DER SPRICHWÖRTER 25, 9

In eigener Sache kannst du dich
sehr wohl mit deinem Nächsten
auseinander setzen,
gib jedoch niemals das Geheimnis
eines anderen preis.

ALAN ASHLEY PITT

Wer sich nach der Menge richtet,
wird es normalerweise auch nicht
weiter bringen als diese.
Jemandem, der seines eigenen
Weges geht, ist hingegen durchaus
zuzutrauen, dass er an Orte gelangt,
die niemals vor ihm eine andere
Menschenseele betreten hat.

DER PREDIGER SALOMO (DAS BUCH KOHELET) 5, 1

Sei nicht vorschnell
mit deiner Zunge.

TIBETISCHES SPRICHWORT

Wer allzu schlau sein will,
liegt schnell total daneben.

DAS BUCH ESRA 10, 4

Wohlan, dir obliegt die
Angelegenheit.
Sei guten Mutes,
und handele!

BHAGWAN SHREE RAJNEESH

Kannst du es wagen, verrückt zu sein, beginnt die Welt bald ihre Geheimnisse preiszugeben.

KONFUZIUS

Höre es,
und du wirst es vergessen.
Sieh es,
und du wirst dich seiner erinnern.
Setze es in die Tat um,
und du wirst es begreifen.

DER ZEHNTE GURU GOBIND SINGH

Lass die Selbstbeherrschung deinen
Schmelzofen sein,
die Geduld deinen Goldschmied.
Lass Einsicht dir als Amboss dienen,
und spirituelle Weisheit sei
dein Werkzeug.

RUMI (MESNEWI)

Beständig ist das Weltall im
Vergehn,
um immer neu dann wieder zu
erstehn;
wandelnd zugleich und ruhend
allezeit,
wechselt es jeden Augenblick
sein Kleid.

AFRIKANISCHES SPRICHWORT, GABUN UND KONGO

Durchdringt die Nadel
nicht das Gewebe,
kann auch der Faden
nicht folgen.

RIG VEDA, HYMNE XXXVII. 15

Alles steht bereit:
Entzückt solltest du sein.
Lebe, solange
das Leben währt.

HYEMEYOHSTS STORM

Unsere Gaben müssen wir unter
den *großen Gaben* finden.

DIE UPANISCHADEN, MUNDAKA

Mit gelassener Heiterkeit
setze dir dein Ziel.

REBBE NACHMAN, BRESLAU

Tut, was ihr nur könnt,
euer Verlangen nach Gott größer
werden zu lassen.

DIE UPANISCHADEN, BRIHADARANYAKA

So wie ein großer Fisch an den
beiden Ufern eines Flusses entlang
schwimmt, erst am Ostufer,
danach am Westufer, lasst auch
euren Geist entlang der beiden
Sphären sich bewegen –
der Welt des Wachzustandes und
des Reiches von Schlaf und Traum.

JIDDISCHES SPRICHWORT

Hört eine weise Seele *ein* Wort,
versteht sie zwei.

REBBE NACHMAN, BRESLAU

Du bist eine Welt im Kleinen.
In deinem Wesenskern ist die Welt
mitsamt all den in ihr befindlichen
Dingen enthalten.

BHAGWAN SHREE RAJNEESH

Dein kleiner Körper
ist ein großes Universum.

AKARANGA SUTRA, BUCH I

Aus deiner Vergangenheit
erwächst deine Zukunft.

DER BUDDHA

Du bist, was du warst;
und du wirst sein, was du tust.

MARTIN BUBER

Seid voller Enthusiasmus –
wie jemand, dessen Haus
niedergebrannt ist und der nun mit
dem Bau eines neuen beginnt,
weil er von ganzem Herzen die
eigene Bedürftigkeit verspürt.

BUCH DER SPRICHWÖRTER 25, 25

Eine gute Nachricht aus fernen
Landen gleicht kühlem Wasser für
eine durstige Kehle.

DHAMMAPADA, 6. KAPITEL

Findet jemanden, der euch ebenso
wie auf eure Stärken auch auf eure
Schwächen aufmerksam macht,
um die darin verborgen liegenden
Schätze ans Tageslicht zu fördern.
Auf solch einen weisen Freund,
der euch vor Augen führt,
was Tadel verdient,
solltet ihr hören.

DHAMMAPADA, 8. KAPITEL

Sich selbst zu überwinden
ist wahrlich besser,
als andere zu bezwingen.

KABIRS GESÄNGE LXXVIII

Singe voller Freude, und wahre
dabei den unbewegten Ort der
Ruhe und Stille in deinem Herzen.

DHAMMAPADA, 9. KAPITEL

Ein Krug wird auch dann voll, wenn
stetig tröpfelndes Wasser ihn füllt.
Ebenso wird ein weiser Mensch,
der ganz allmählich Verdienst
angesammelt hat, schließlich von
Verdienst erfüllt sein.

ANONYM

Angesichts der Freude am Spiel
scheint alle Anstrengung in den
Hintergrund zu rücken.

DHAMMAPADA, 12. KAPITEL

Entwickelt euch selbst in der Weise,
wie ihr euch andere Menschen
wünscht, statt ihnen Vorhaltungen
zu machen und ihnen
vorzuschreiben, was sie tun und was
sie lassen sollen.

DHAMMAPADA, 20. KAPITEL

Das Bemühen muss schon
von euch ausgehen.
Der Buddha kann lediglich
den Weg weisen.

DER PROPHET MOHAMMED

Wenn ihr sprecht,
so sprecht die Wahrheit.
Haltet eure Versprechungen. Erfüllt
das in euch gesetzte Vertrauen.
Seid anständig in eurem Denken
und Handeln. Lasst eure Hand
weder Schläge ausführen noch lasst
sie etwas nehmen, wenn dies gegen
das Gesetz verstößt oder Schaden
anrichtet.

DHAMMAPADA, 22. KAPITEL

Setzt dasjenige, was zu tun ansteht,
mit vollem Elan in die Tat um.

ALBERT EINSTEIN

Die schönste Erfahrung,
die man machen kann,
ist die Erfahrung des
Unbegreiflichen.

DHAMMAPADA, 25. KAPITEL

Leere dein Boot, o Bettelmönch!
Sobald es leer ist,
wird es leicht vorangleiten.

DHAMMAPADA, 26. KAPITEL

Unbefleckt und makellos wie der
Mond solltet ihr sein,
gelassen und durch nichts zu
erschüttern.

BERNADETTE ROBERTS

Unentwegt sollte dein Blick auf das
Unbekannte gerichtet sein.

SÜDAFRIKANISCHES SPRICHWORT (PLAATJE)

Wie lang die Nacht auch sein mag –
ein neuer Tag wird anbrechen.

SAMYUTTA NIKAYA

Taucht ein in das Gewässer einer heilsamen Geisteshaltung und lernt schwimmen. Von den Gestaden des Wohlwollens umsäumt, ist dieses Gewässer klar und rein. Auf jeden, der in solches Wasser eintaucht, übt es eine lindernde und beruhigende Wirkung aus.

KABIRS GESÄNGE LVI

Das höchste aller Wesen lehrt dich,
inmitten all deiner Aktivitäten ruhig
und unbewegt zu sein.

BHAGAVADGITA

Wer in einer Handlung zugleich
Handeln und Nichthandeln
erblickt, ist ein Mensch mit tiefer
Einsicht, dessen Geist, während er
seinen Aktivitäten nachgeht,
jenseits aller Handlung bleibt.

DHAMMAPADA, 6. KAPITEL

An nichts hält ein zur Ganzheit gelangter Mensch fest, wo auch immer er weilen mag. Nicht aus Hoffnung auf persönlichen Vorteil oder materiellen Gewinn spricht ein Mensch, wenn er in innerem Frieden lebt. Gleichgültig, ob er auf erfreuliche oder schmerzliche Situationen trifft, bei dem Weisen stellt sich weder Hochgefühl noch Niedergeschlagenheit ein.

BHAGWAN SHREE RAJNEESH

Ein vollständiger Mensch ist
zentriert: Was immer er tut, er
bleibt in seiner Mitte.

DAS ÄGYPTISCHE TOTENBUCH

Lass dich nicht an dem Geschwätz
der vielen messen.

NAGARJUNA

Euer Bemühen verdient
Bewunderung, auch wenn euch nur
ein Teilerfolg beschieden sein,
ja sogar wenn der Erfolg
ausbleiben sollte.

NAGARJUNA

Über die eigenen Vorsätze solltet
ihr Stillschweigen wahren wie ein
Leichnam, der verborgen im
Erdreich ruht.
Zöge ein Keim keine
Aufmerksamkeit auf sich,
wer würde dann die Lotos-Wurzel
ausfindig machen?

ELEANOR ROOSEVELT

Nehmt diejenigen Dinge in Angriff,
von denen ihr meint,
ihr könntet sie nicht bewältigen.

DER ZEHNTE GURU GOBIND SINGH

Bereite den Boden vor,
und pflanze dann die Saat
deiner wahren Natur.

RALPH WALDO EMERSON

Für alles, was euch entgangen ist,
habt ihr etwas anderes
hinzugewonnen.

DIE REGELN DER HEXEREI

Leben und leben lassen,
gebührend nehmen und
gebührend geben.

NAGARJUNA

Magst du auch Reichtümer
erworben haben, verneige dich vor
anderen dennoch wie reifer Reis.

DER TALMUD

Sei so flexibel wie Schilfrohr,
aber auch so unnachgiebig wie
Zedernholz.

DER BUDDHA

Eure Handlungen sind euer
einzig wahrer Besitz.

KABIRS GESÄNGE XL

Dein Zuhause ist eine dauerhafte Bleibe; dein Zuhause beherbergt die Wirklichkeit; das Zuhause hilft, Ihn, der *wirklich ist*, zu erreichen. Bleibe also, wo du bist, und alle Dinge werden sich zu gegebener Zeit bei dir einstellen.

LAMA GENDÜN RINPOCHE

Die Verwirklichung der Natur des Geistes ist allein in der Einfachheit und im direkten Kontakt des Geistes mit sich selbst zu finden.

LAMA GENDÜN RINPOCHE

Nichts tun, nichts erzwingen,
nichts wollen –
und alles geschieht von selbst.

PLUTARCH

Im Ganzen genommen sind viele
Dinge nicht zu bewältigen.
Packt man sie hingegen Stück für
Stück an, fügen sie sich
wie von alleine.

SOGYAL RINPOCHE

Folgende Eigenschaften sollten
wir ständig pflegen und
weiterentwickeln: Offenheit und
Aufgeschlossenheit, Bereitwilligkeit,
Begeisterungsfähigkeit und Respekt
unseren Mitmenschen gegenüber.
Eine ganz andere Grundstimmung
wird dadurch in unseren Geist
einkehren.

SPRICHWORT DER LUHYA, KENIA, AFRIKA

Ist ein Teller erst einmal zu Bruch gegangen, lässt er sich nicht wieder zusammenfügen.

THICH NHAT HANH

Meist ist eure Freude der Quell
eures Lächelns,
doch manchmal kann auch euer
Lächeln der Quell eurer
Freude sein.

PEMA CHÖDRÖN

Entwickelt Wissensdurst –
ohne Rücksicht darauf,
ob der Gegenstand dieses
Wissensdurstes euch schmeckt
oder nicht schmeckt.

SOGYAL RINPOCHE

Sie können einen anderen
Menschen nicht inspirieren, wenn
Sie nicht selbst inspiriert sind.

THICH NHAT HANH

Seid lebendig,
in stetem Wachstum begriffen.

JOHANNES 7, 38

Aus seinem Inneren werden Ströme
lebendigen Wassers fließen.

THICH NHAT HANH

Ein Quell befindet sich in euch.
Grabt nur tief genug im
gegenwärtigen Augenblick, so wird
das Wasser hervorsprudeln.

MOSIAH 7, 18 (DAS BUCH MORMON)

Erhebe dein Haupt, und sei getrost.

SEINE HEILIGKEIT DER XIV. DALAI LAMA

Statt unsere Mitmenschen bekehren
zu wollen, sollten wir uns bemühen,
etwas für sie zu tun. Die Zukunft
liegt in unseren Händen.

DER BUDDHA

Kommen wir nach gründlicher
Überlegung und Überprüfung zu
dem Schluss,
dass etwas der Vernunft entspricht,
allen Menschen nützt und ihr
Wohlergehen fördert,
dann sollten wir uns dies zu Eigen
machen und ihm gemäß leben.

ZEN-MEISTER DOGEN

Habt Augen für die Vorzüge, nicht jedoch für die Mängel der anderen.

MARTIN LUTHER KING JR.

Wo und wofür ihr in jenen
Augenblicken steht,
in denen es euch gut geht,
ist letztlich nicht maßgebend –
vielmehr, wo ihr in Zeiten der
Herausforderung und
Auseinandersetzung steht.

MUTTER TERESA

Habt Mut –
mag da kommen,
was wolle!

ZEN-MEISTER DOGEN

Dieses dem Morgentau gleichende
Leben wird erlöschen.
Darum gebt euch nicht mit
überflüssigen Dingen ab.

DIE REGELN DER HEXEREI

Was man anderen schickt,
kommt zurück zur eigenen Adresse,
entsprechend dem Gesetz der Drei,
das man tunlichst nie vergesse.

ZEN-MEISTER DOGEN

Guter Rat schmeichelt vielfach
nicht dem Ohr.
Gerade jener Ratschlag,
der uns widerstrebt,
kann wertvoll sein.

BALTASAR GRACIAN

Was wenig kostet, ist wenig wert.

RAMAKRISHNA

Vergesst alles weltliche Wissen,
das ihr euch angeeignet habt,
und werdet wie ein Kind.
Erst dann könnt ihr Zugang zur
göttlichen Weisheit erlangen.

RALPH WALDO EMERSON

Wenn man sich auf dünnem Eis bewegt, trägt Schnelligkeit zur eigenen Sicherheit bei.

MATTHÄUS 5, 16

Lasst euer Licht vor den Menschen
leuchten, damit sie eure guten
Werke sehen und euren Schöpfer
preisen.

RALPH WALDO EMERSON

Folgt nicht einem ausgetretenen
Pfad. Geht vielmehr dort entlang,
wo noch kein Pfad existiert,
und hinterlasst eigene Spuren.

PEACE PILGRIM (MILDRED LISETTE NORMAN)

Freue dich über jeden kleinen
Fortschritt, statt ungeduldig zu
sein. Denn Ungeduld behindert
dein inneres Wachstum.

LESTER LEVENSON

Die einzigen Beschränkungen,
denen ihr unterliegt,
sind diejenigen,
die ihr als gegeben hinnehmt.

LAOTSE, TAO TE KING

Legt Einfachheit an den Tag, macht
euch das Echte und Unverfälschte
zu Eigen. Mindert die Selbstsucht
und verringert eure Begierden.

SERBISCHES SPRICHWORT

Sei anspruchslos und bescheiden,
denn aus Erde wurdest du
geschaffen.
Sei großmütig, denn du bist ein
Sternengeschöpf.

SPANISCHES SPRICHWORT

Sprechen sollte nur,
wer mehr zu sagen vermag
als die Stille.

BHAGAVADGITA

Nach den Maßstäben,
die ein bedeutender Mensch durch
sein Beispiel setzt,
richtet sich die ganze Welt.

HENRY DAVID THOREAU

Bleibe so nahe wie möglich an
jenem Kanal, durch den deine
Lebenskraft fließt.

BHAGAVADGITA

Bist du, wenn du handelst,
mit dem zufrieden, was dir zufällt,
und bleibst du – unabhängig von
Erfolg oder Misserfolg –
ausgeglichen, wirst du dich niemals
in die Handlungen verstricken.

BUCH DER SPRICHWÖRTER 27, 19

Wie Wasser ein Spiegel
für das Gesicht,
so ist das menschliche Herz
ein Spiegel
für den Menschen.

BHAGAVADGITA

Die universale Form kann dir zeigen, was immer du jetzt und in Zukunft erblicken möchtest. Alles – sich Bewegendes wie Unbewegtes – ist hier vollständig an *einem* Ort zu sehen.

BHAGAVADGITA

Besser ist es, der eigenen
Beschäftigung nachzugehen, selbst
wenn man sie nur unvollkommen
ausübt, als die Beschäftigung eines
anderen anzunehmen und sie in
vollendeter Weise auszuüben.

DIE UPANISCHADEN, YAJURVEDA

Habe für alles
einen freundlichen Blick.

SPRICHWORT DER SUKUMA, TANSANIA, AFRIKA

Einen Baum, der sich biegt,
kann der Wind nicht brechen.

HEBRÄER 11,1

Glaube besteht in Folgendem:
Sich verlassen auf das,
was man erhofft, und von Dingen,
die man nicht sehen kann,
überzeugt sein.

PARAMAHANSA YOGANANDA

Nach außen gerichtete Begierden werden euch aus dem inneren Paradies vertreiben. Sie stellen trügerische Freuden in Aussicht, die euch den Zustand inneren Glücks lediglich vorgaukeln. Durch Gottesmeditation kann man das verlorene Paradies schnell wiedererlangen.

AKARANGA SUTRA

Welche Mittel und Methoden ihr
auch kennt, Frieden in euer Leben
einkehren zu lassen –
– wendet sie an.

BHAGWAN SHREE RAJNEESH

Euer ursprüngliches Staunen
gilt es wiederzuerlangen;
jenen kindlichen Sinn für das
Wunderbare –
nichts ist einem vertraut,
alles birgt ein Geheimnis.

BALTASAR GRACIAN

Pflege mit demjenigen Umgang,
von dem du etwas lernen kannst.

CHINESISCHES SPRICHWORT

Wollt ihr etwas über eure Vergangenheit erfahren, braucht ihr lediglich eure gegenwärtigen Lebensumstände eingehend zu betrachten. Um zu wissen, wie eure Zukunft aussehen wird, braucht ihr euch bloß eure gegenwärtigen Handlungen gründlich anzuschauen.

BAHUJAN

Lass dein Handeln dem Interesse vieler Wesen zugute kommen und in der Folge viele Wesen glücklich machen.

PHILIPPER 2, 3–4

Handelt niemals aus Ehrgeiz oder Eitelkeit; einer achte vielmehr den anderen in Demut höher als sich selbst. Jeder achte nicht nur auf das eigene Wohl, sondern ebenso auf das der anderen.

CHINESISCHES SPRICHWORT

Wer Berge versetzen will,
räumt zunächst einmal kleine Steine
aus dem Weg.

HILDEGARD VON BINGEN

Du bist umfangen von den
göttlichen Mysterien.

CHINESISCHES SPRICHWORT

Bewahrt ein grünes Zweiglein in
eurem Herzen, dann wird ein
zwitscherndes Singvögelchen
kommen und darauf Platz nehmen.

LIN YUTANG

Nun, da ihr zu leben gelernt habt,
verbringt einen Nachmittag
auf eine vollkommen
zweckungebundene, von jedweder
Nützlichkeitserwägung
freie Art und Weise.

CHINESISCHES SPRICHWORT

Ihr könnt nichts daran ändern,
dass die Vögel des Kummers
und der Sorge über euren Köpfen
hin und her fliegen.
Allerdings könnt ihr verhindern,
dass sie in eurem Haar
Nester bauen.

JIDDISCHES SPRICHWORT

Kommst du nicht darüber hinweg,
musst du halt unten durch.

DAS ÄGYPTISCHE TOTENBUCH

Lass dein Herz sich verjüngen.

HILDEGARD VON BINGEN

Sei standhaft,
dann wirst du niemals fallen!

CHINESISCHES SPRICHWORT

Eine Blume im Herzen trägt auch
nach außen hin sichtbare Blüten.

INDIANISCHE WEISHEIT

Seid dankbar für die ungeahnten Segnungen, die euch zuteil werden.

JEREMY TAYLOR

Richte dein Augenmerk auf die
Stärken der Menschen,
die dich umgeben.

YAMAMOTO TSUNETOMO

Mit Geistesgegenwart –
mit frischem und klarem,
nicht durch nagenden Zweifel
getrübtem Geist –
triff innerhalb von sieben
Atemzügen eine Entscheidung.

AMHARISCHES SPRICHWORT, ÄTHIOPIEN, AFRIKA

Sei nicht unentschlossen,
oder du wirst schließlich zwischen
allen Stühlen sitzen und weder
etwas tun, noch etwas haben
oder jemand sein.

JAPANISCHES SPRICHWORT

In der Kürze liegt die Würze.

JAPANISCHES SPRICHWORT

Auch die Kehrseite
hat eine Kehrseite.

BHAGWAN SHREE RAJNEESH

Das Denken muss sich auflösen.
Es darf kein Denken mehr
vorhanden sein. Solange noch
Denken da ist, bleibt man geteilt.

HEBRÄER 13, 2

Vergesst nicht, Fremde
gastfreundlich bei euch
aufzunehmen.
Denn so mancher hat schon,
ohne es zu ahnen, auf diese Weise
Engel beherbergt.

BHAGWAN SHREE RAJNEESH

Wer zu sehr auf Klarheit pocht,
wird die Verbindung zum
Wirklichen und Lebendigen
verlieren.

'ABDU'L-BAHA'I

Welche Erfahrungen wir machen,
bleibt nicht dem Zufall überlassen.
Vielmehr werden diese Erfahrungen
uns durch göttliche Gnade gesandt,
damit wir Gelegenheit erhalten,
uns zu vervollkommnen.

KONFUZIUS

Eine helfende Hand sollte man
vorzugsweise am Ende der eigenen
Arme suchen.

LAOTSE, TAO TE KING

Auch eine Reise von tausend Meilen
beginnt mit dem ersten Schritt.

NAGARJUNA

Lernt unterscheiden,
was zu tun und was zu lassen ist.
Der Tüchtige wird stets die richtige
Entscheidung treffen.

DIE GNOSTISCHEN EVANGELIEN,
AUTHENTIKOS LOGOS 34, 20–23

Suche und forsche nach den Wegen,
auf denen du gehen kannst.
Denn nichts ist so gut wie dieses.

LAOTSE, TAO TE KING

Einem großen Menschen geht es um den Gehalt und nicht um Äußerlichkeiten, er hält sich an das Sein und nicht an den Schein.

BHAGAVADGITA

Den Unterschied zwischen
hingebungsvoller Arbeit und einer
Arbeit, die auf vorteilhafte oder
erfreuliche Resultate abzielt,
sollte man sehr wohl kennen.

LAOTSE, TAO TE KING

Wer viel anhäuft,
wird unweigerlich viel verlieren.

LAOTSE, TAO TE KING

Ein unnachgiebiger Krieger kann
nicht den Sieg davontragen;
einem Baum, der seine Biegsamkeit
verloren hat, steht das Ende bevor.
Das Geschmeidige, Weiche,
Schwache und Feine behält die
Oberhand.

SPRICHWORT DER ASHANTI, GHANA, AFRIKA

Indem er kommt und geht,
flicht der Vogel sein Nest.

LAOTSE, TAO TE KING

Der Berufene wirkt,
ohne daran festzuhalten.
Ist sein Werk vollbracht,
verharrt er nicht dabei.

JUAN DE LA CRUZ

Um zu werden, was ihr nicht seid,
müsst ihr einen Weg einschlagen,
auf dem ihr nicht seid.

LAOTSE, TAO TE KING

Das in höchstem Maße Gute gleicht
dem Wasser: Wasser kommt allen
Wesen zugute, ohne sich mit ihnen
zu messen oder zu streiten.

BUCH DER SPRICHWÖRTER 15, 32

Wer Mahnungen beherzigt,
gewinnt an Einsicht.

LAOTSE, TAO TE KING

Dreißig Speichen
treffen sich in einer Nabe:
Auf dem Nichts in seiner Mitte
beruht des Rades Brauchbarkeit.
Um Gefäße herzustellen, brennt
man Tonerde: Auf dem Nichts daran
beruht des Tontopfes Brauchbarkeit.
Beim Hausbau spart man in der
Wand für Türen und Fenster Raum
aus: Auf dem Nichts daran
beruht des Hauses Brauchbarkeit.
Im Sein finden wir also den
materiellen Wert, im Nichtsein die
Brauchbarkeit.

SPRICHWORT DER ZULU, SÜDAFRIKA

Jeder Wasserlauf entspringt
einer Quelle.

LAOTSE, TAO TE KING

Wesen in unermesslich großer Zahl
entwickeln sich. Jedes Wesen kehrt
jedoch zu seinem Ursprung zurück.
Wer zum Ursprung zurückkehrt,
findet Stille.

MEISTER ECKHART

Behandle alle Dinge
wie eine Leihgabe;
sei es der Körper oder die Seele,
die Sinne oder die Körperkraft,
äußere Güter oder
Respektsbezeugungen,
Haus oder Hof, jegliches Ding.

LAOTSE, TAO TE KING

Lasst der Natur ihren Lauf.
Indem man jegliches Ding in
Einklang mit seiner Natur wirken
lässt, wird alles fertig gestellt,
was fertig gestellt werden muss.

LAOTSE, TAO TE KING

Das Geheimnis wartet auf Augen,
die nicht getrübt sind von
Verlangen.

BUCH DER SPRICHWÖRTER 31, 8–9

Macht euch zum Fürsprecher derer,
die nicht für sich selbst sprechen
können! Macht den Mund auf,
urteilt gerecht,
verhelft den Bedürftigen und Armen
zu ihrem Recht!

LAOTSE, TAO TE KING

Dem Begierdefreien offenbart sich
das Geheimnis.
Der in Begierde Verstrickte erblickt
lediglich die Manifestationen.

LAOTSE, TAO TE KING

Wer sich damit begnügt,
einfach er selbst zu sein,
statt mit anderen zu wetteifern und
sich in Konkurrenz mit ihnen zu
sehen, wird von allen respektiert.

RUMI (MESNEWI)

Lass die Vorsicht, lass sie fahren!
Vor Unglück wird sie nimmer dich
bewahren. Sie quält dich,
und umsonst ist deine Mühe.
Drum stell' dich dem Geschick
anheim, und ziehe!

SPRICHWORT DER TEKE, ZAIRE, AFRIKA

Der Fluss schwillt an,
weil das Wasser aus den kleinen
Bächen und Nebenflüssen
ihn speist.

RUMI (MESNEWI)

Unsre Dankesbekundungen
an den Herrn für seinen Segen
werden ihn zu noch mehr Segnungen
und Wohltaten bewegen.

JOHANNES 15, 12

Liebt einander, so wie euer
Schöpfer euch geliebt hat.

RUMI (MESNEWI)

Erst durch den Gegensatz
tritt das Unsichtbare zutage.

DER PROPHET MOHAMMED

Zufriedenheit erwächst nicht aus
Überfluss an weltlichen Gütern,
sondern aus innerer Genügsamkeit.

BUCH DER SPRICHWÖRTER 17, 22

Ein frohgemutes Herz
ist eine gute Medizin.

DER PROPHET MOHAMMED

Dem mit Sanftmut Begabten wird
ein gutes Geschick zuteil –
in dieser Welt und in der nächsten.

BALTASAR GRACIAN

Sich mit Belanglosigkeiten
abzugeben ist schlimmer als
Nichtstun.

DER PROPHET MOHAMMED

Lernt euch selbst zu erkennen.
Wer sein innerstes Selbst kennt,
kennt Gott.

HAKIM ABU’L MAJD MAJDUD SANA’I AUS GHASNA

Harret der Dinge, deren eure Seele
im Schlaf ansichtig wird.

SPRICHWORT DER BATELA, AFRIKA

Der Faden folgt der Nadel.

JOHANNES 14, 27

Beunruhigt euch nicht,
und habt keine Angst.

KABIRS GESÄNGE XX

Sei stark, und kehre ein in den
eigenen Körper, denn dort stehst
du auf festem Grund.
Bedenke es wohl, mein Herz,
und geh an keinen anderen Ort!
Kabir sagt: »Lege alle Vorstellungen
ab, und stehe fest und unbewegt in
dem, was du bist.«

DIE GNOSTISCHEN EVANGELIEN,
DIALOG DES ERLÖSERS 142, 16–19

An dem Platz,
den du erreichen kannst,
dort stehe!

HYEMEYOHSTS STORM

Nicht jeder kann es bereits beim
ersten Hören ganz verstehen.
Es gleicht einer Blüte, die sich auf
vielerlei Weise entfalten kann.
Welches Verständnis du gewinnst,
wenn du es hörst, hängt davon ab,
wo du im Augenblick stehst.

DIE GNOSTISCHEN EVANGELIEN,
THOMASEVANGELIUM 33, 11–13

Erkenne,
was vor deinen Augen liegt,
und das Verborgene
wird dir offenbar werden.

ZUNI (GEBET ZUR WINTERSONNENWENDE)

Sorge dafür, dass dein Weg von dir
fort führt, und sorge dafür,
dass dein Weg zu dir hin führt.

KABIRS GESÄNGE LXI

Wie kannst du, da dein Kopf
von so vielen Begierden belastet ist,
unbeschwert sein?
Kabir sagt: »Im Innern
bewahre dir Wahrhaftigkeit,
Unvoreingenommenheit
und Liebe.«

BUCH DER SPRICHWÖRTER 25, 28

Ein Mensch, der seinen Geist nicht
im Zaum hält, gleicht einer Stadt
mit eingerissener Mauer.

KABIRS GESÄNGE XC

Den Wald wirst du sicherlich
niemals finden, wenn du dem Baum
keine Beachtung schenkst.

HEBRÄER 13, 5

Seid zufrieden mit dem,
was ihr habt.

RUMI

Dieses menschliche Dasein gleicht
einem Gasthaus.
Jeder Morgen bringt eine
Neuankunft. Seid dankbar für
jeden, der da kommt,
denn euch zum Geleit wurde er aus
dem Jenseits gesandt.

MEISTER ECKHART

Handle genau so, wie du im Gefühl
größter Sicherheit und
Geborgenheit handeln würdest.

RUMI

Der Mensch kommt auf die Welt,
um eine ganz bestimmte Aufgabe zu
erfüllen. Darin besteht sein
Lebenszweck. Erfüllt er diese
Aufgabe nicht, ist er gescheitert.

HYEMEYOHSTS STORM

Wann immer jemand
von Herzen gibt,
empfängt er auch.

REGENTANZ-ZEREMONIE DER NAVAJO

Bei jedem Schritt, den du gehst,
geht das Universum mit dir.

APOSTELGESCHICHTE 20, 35

Geben ist seliger als Nehmen.

PHILIPPER 4, 8

Was immer wahrhaft, edel, gerecht,
was lauter, liebenswert und
ansprechend ist, was gut ist und
Lob verdient,
darauf seid bedacht.

MATTHÄUS 6,21

Wo dein Schatz,
dort ist auch dein Herz.

REDENSART DER CHEROKEE

Lass das Gestrige nicht zu viel von dem aufzehren, was heute ist.

BALTASAR GRACIAN

Gebt Acht, was ihr sagt. Stets bleibt uns Zeit, ein Wort hinzuzufügen. Niemals hingegen wird uns die Zeit gegeben, auch nur ein einziges Wort unausgesprochen zu machen!

CHIEF LUTHER STANDING BEAR
(HÄUPTLING DER OGLALA-SIOUX)

Was auch immer
euch begegnen mag, versucht,
euch auf alles einzustellen;
nötigenfalls durch erhöhte
Anstrengung und zusätzlichen
Energieaufwand.
Ergeht euch jedoch nicht in Klagen:
Strahlend schöne Tage und
finstere Tage –
in beidem findet das große
Geheimnis seinen Ausdruck.

CHENG-TAO KE

Suchst du es gedanklich
zu erfassen,
kannst du es nicht erkennen.
Verstummen hingegen die
Gedanken, spricht es zu dir.

MEHER BABA

Macht euch keine Sorgen,
seid glücklich.

MATTHÄUS 6, 34

Sorgt euch nicht um den morgigen Tag, denn der morgige Tag wird für sich selbst sorgen.

DIE EDDA

Erfreut euch an dem Guten,
das euch gegeben ist.

ZEN-MEISTER DOGEN

Richtet den Geist auf *ein* Ding,
macht euch die überkommenen
Vorbilder zu Eigen,
betrachtet eingehend die
Handlungen der Meister.
Werdet mit einer einzigen Form von
Praxis innig vertraut.

DAS ÄGYPTISCHE TOTENBUCH

Verfügst du innerlich über
Stabilität, stehst du mit beiden
Beinen fest auf dem Boden.

MATTHÄUS 12, 33

An der Frucht
erkennt man den Baum.

PEMA CHÖDRÖN

Was auch immer euren Freiraum
einschränkt –
zieht eure Lehre daraus.
Denn solche Geschehnisse sind
keine Laune des Zufalls.

THICH NHAT HANH

Stellt euch beim Einatmen vor,
ein ruhiges Gewässer zu sein.
Spiegelt beim Ausatmen die Dinge
so wider, wie sie sind.

DIE REGELN DER HEXEREI

Sanft sei der Blick,
behutsam die Berührung;
macht wenig Worte,
habt ein offenes Ohr.

LAOTSE, TAO TE KING

Wer weiß, wann es innezuhalten gilt, wird nicht Schaden nehmen und kann so lange währen.

DIE GNOSTISCHEN EVANGELIEN,
DIE LEHREN DES SILVANUS 85, 24

Nimm in dein Innerstes auf deine
Ratgeber und Lehrer.

LAOTSE, TAO TE KING

Des Genügsamen Zufriedenheit
ist dauerhafte Zufriedenheit.

DER ZEHNTE GURU GOBIND SINGH

Darüber hinaus bleibt nichts
zu tun.

LAOTSE, TAO TE KING

Der Berufene ist gerecht,
ohne einzuschränken,
scharfsinnig, ohne zu verletzen,
aufrichtig, doch nicht rücksichtslos,
beeindruckend klar,
ohne zu blenden.

ÄTHIOPISCHES SPRICHWORT

Über das Wasser sollte man sich
nicht erst dann Gedanken machen,
wenn der Brunnen leer ist.

LAOTSE, TAO TE KING

Durch edles Handeln
lässt sich viel bewirken.

DAS ÄGYPTISCHE TOTENBUCH

Deines Herzens Führung solltest du
den Körper unterstellen.

MATTHÄUS 10, 8

Umsonst habt ihr es empfangen,
umsonst sollt ihr es auch geben.

DER PREDIGER SALOMO (DAS BUCH KOHELET) 9, 7

Gehe hin, iss freudig dein Brot, und
trink frohen Herzens deinen Wein,
denn was du tust,
hat Gott längst so bestimmt,
wie es ihm gefiel.

DER BRIEF AN DIE KOLOSSER 4, 6

Eure Rede sei stets freundlich,
doch mit Salz gewürzt,
denn jedem sollt ihr in der rechten
Weise antworten können.

AUS EINEM BEI DEN BUSCHMÄNNERN ÜBERLIEFERTEN VOLKSMÄRCHEN

Um anknüpfen zu können an das,
was du gewesen bist,
musst du über dich hinauswachsen.

DIE REGELN DER HEXEREI

Darf etwa eines anderen Menschen
Gier jemals Maßstab sein für *dein*
Bedürfnis?

PEI BONEWITS

Seid bestrebt, euer Leben mit den Überzeugungen, die ihr geltend macht, in Einklang zu bringen.

JIDDISCHES SPRICHWORT

Nur im Dunkeln
kann man ein Licht leuchten sehen.

LUKAS 12, 2

Verborgenes wird enthüllt werden,
und Heimlichkeiten werden ans
Tageslicht kommen.

BENJAMIN ROWE

Euer Handeln steht in Einklang mit
dem Willen eures Schöpfers.

SWAMI CHINMAYANANDA

Stille beinhaltet die höchste Form von Gnade.

RUMI (MESNEWI)

Welk ist der Glaube,
wenn die Lüste sprießen,
die das Paradiestor
dir verschließen.
Das reine Wort,
du drehst es her und hin –
lass *seinen* Sinn,
und ändre *deinen* Sinn.

DER ZEHNTE GURU GOBIND SINGH

Verbrenne das emotionale Anhaften
und vermahle es zu Tinte.
Verwandele dein Einsichtsvermögen
in makelloses Papier. Mache die
Liebe zu deinem Federhalter,
und die Federführung überlasse
dem klaren Bewusstsein.

AVESTA

Verpflichtet euch zu wohl
durchdachtem Denken und zu
Gewissenhaftigkeit bei all eurem
Handeln.

DHAMMAPADA, 12. KAPITEL

Nur schwer zu finden ist ein Meister
wie derjenige, den man durch gute
Selbstbeherrschung gewinnt.

MOSIAH 3, 19 (DAS BUCH MORMON)

Werdet wie ein Kind:
gehorsam, sanft, demütig, geduldig
und voller Liebe.

BUCH DER SPRICHWÖRTER 3, 13–14

Wohl dem Menschen,
der Weisheit gefunden,
und dem Menschen,
der zu Einsicht gelangt ist.
Denn sie zu erwerben ist mehr wert
als Silber, und sie bringen besseren
Ertrag als Gold.

SPRICHWORT DER YORUBA, NIGERIA, AFRIKA

Wer den gelben Palmvogel nicht
versteht, wird sagen,
dass er lärmt und zetert.

MARTIN LUTHER KING JR.

Wo setzt ihr euch für eure
Mitmenschen ein?

RALPH WALDO EMERSON

Unter jedem Abgrund tut sich ein
noch tieferer Abgrund auf.

BUCH DER SPRICHWÖRTER 4, 12–13

Wenn du gehst, werden deine
Schritte durch nichts behindert,
und wenn du läufst,
wirst du nicht straucheln.

BUCH DER SPRICHWÖRTER 4, 23

Mehr als alles hüte dein Herz,
denn von ihm geht das Leben aus.

SOGYAL RINPOCHE

Wirft man einen Stein in einen Teich,
kräuselt sich die Wasseroberfläche.
Kleine Wellen bilden sich,
gehen ineinander über und
lassen neue Wellen entstehen, die
ebenfalls ihre Kreise ziehen.
Alles ist unauflöslich
miteinander verknüpft.

BUCH DER SPRICHWÖRTER 11, 24–25

Mancher teilt aus, und doch wird
ihm immer mehr zuteil.
Ein anderer ist übermäßig sparsam
und wird doch ärmer.
Wer wohltätig ist, wird reich
gesättigt, und wer andere labt,
wird selbst gelabt.

EMILY DICKINSON

Die Pforte deiner Seele sollte stets
einen Spalt weit geöffnet bleiben,
damit der Himmel, wenn er bei dir
anklopft, nicht warten muss.

MARIE CURIE

Jeder Mensch verfügt über eine
ihm eigene Begabung –
und die gilt es unbedingt zu
verwirklichen.

JAPANISCHES SPRICHWORT

Kommst du sieben Mal zu Fall,

so steh acht Mal auf.

HARRIET BEECHER STOWE

Gib dich niemals geschlagen.
Denn genau an diesem Punkt und
in diesem Moment wird der
Gezeitenwechsel einsetzen.

SPRICHWORT DER KALENJIN, KENIA, AFRIKA

Ein Feuer sollte man löschen,
solange es noch klein ist.

WEISHEIT DER RASTAFARI

Gib kurzlebigen Anliegen nicht mehr Raum und Bedeutung als deinen langfristigen Interessen.

MAHATMA GANDHI

Ein aus tiefster Überzeugung
gesprochenes »Nein« ist besser als
ein aus bloßer Gefälligkeit
dahergesagtes »Ja«.

LUCRETIUS

Steter Tropfen höhlt den Stein.

RICHARD BACH

Deine wahre Natur zum Ausdruck
bringen – das ist es,
worauf du zusteuern solltest.
Was auch immer dich einschränkt,
leg es ab.

ALBERT EINSTEIN

Fantasie ist wichtiger als Wissen.

CHARLES DUBOIS

Sei jederzeit bereit, was du bist
für das zu opfern,
was du werden könntest.

DIE UPANISCHADEN

Aus dem Überfluss schuf Gott
Überfluss; und unverändert war und
ist Überfluss vorhanden.

MARCEL PROUST

Nicht in der Suche nach neuen
Landschaften besteht deine
eigentliche Entdeckungsreise,
vielmehr darin, die Dinge mit
neuen Augen zu sehen.

ARYEH KAPLAN

Es tut dir nicht gut, allein zu sein.

HERMANN HESSE

Alles wird ein wenig anders, sobald
man es laut ausgesprochen hat.

UNBEKANNT

Überschreite die Grenzen der Logik – der Lauf der Welt folgt einer göttlichen Ordnung.

DIE REGELN DER HEXEREI

Wonach einem steht der Mut,
kann man tun und lassen, solange
man niemandem etwas zu Leide tut.

HYEMEYOHSTS STORM

Um vollkommen zu werden,
musst du dich
auf die Suche begeben.

GRANDMA MOSES

Kommt drauf an,
was man draus macht.
War immer schon so,
wird immer so sein.

ALBERT EINSTEIN

Aus der Wirrnis finde zu Einfachheit; aus dem Missklang finde zu Harmonie; inmitten der Schwierigkeit liegt eine Chance.

THEODORE ROOSEVELT

Tue dein Möglichstes mit dem,
was dir dort, wo du bist,
zur Verfügung steht.

BENJAMIN DISRAELI

Nicht indem du einfach nur deinen Reichtum mit einem anderen Menschen teilst, erweist du ihm die größte Wohltat, sondern indem du ihm *seinen* Reichtum offenbarst.

MAHATMA GANDHI

Das Bemühen, nicht die
Verwirklichung eines Vorhabens
stellt uns zufrieden.
Sich mit aller Macht zu bemühen,
ist gleichbedeutend mit einem Sieg
auf der ganzen Linie.

AMBROSE REDMOON

Mut zeigt nicht,
dass man keine Angst hat,
sondern dass man etwas anderes für
wichtiger hält als die Angst.

RÖMER 12, 12

Seid fröhlich in der Hoffnung,
geduldig in der Bedrängnis,
voll des Glaubens im Gebet!

WEISHEIT DER RASTAFARI

Wähle dir deine Aufgabe mit
Sorgfalt, und werde ihr auf würdige
Art und Weise gerecht.

OVID

Deinen Angelhaken solltest du stets
ausgeworfen lassen.
Wenn du es am wenigsten erwartest,
wird der Fisch im Teich anbeißen.

JUAN DE LA CRUZ

Um dahin zu gelangen, alles zu sein,
hege den Wunsch, nichts zu sein.

FRANKLIN DELANO ROOSEVELT

Fürchten muss man nur eines:
die Furcht selbst.

SPRICHWORT DER EFIK, NIGERIA, AFRIKA

Süß und sauer gehen
Hand in Hand.

'ABDU'L-BAHA'I

Je gründlicher der Boden gepflügt wurde, desto besser wird die Saat aufgehen und umso reicher wird die Ernte sein. Ebenso wie der Pflug das Erdreich fruchtbar macht, indem er es gründlich von Disteln und sonstigem Unkraut säubert, verhelfen Schwierigkeiten euch zur Läuterung und Befreiung von den Banalitäten dieses weltlichen Daseins.

HENRY WARD BEECHER

Betrachten Sie es als Ihre
Verantwortung, einen Standard zu
erreichen, der jedermanns
Erwartungen an Sie übertrifft.

PETER McWILLIAMS

Nehmen Sie Unannehmlichkeiten bereitwillig in Kauf. Der Weg mag steinig sein – nichtsdestoweniger werden die Mühen, die Sie aufwenden, sich als überaus bereichernd erweisen.

DER BUDDHA

Der Gedanke manifestiert sich als
Wort. Das Wort manifestiert sich als
Handlung. Das entsprechende
Handeln entwickelt sich zur
Gewohnheit. Und die Gewohnheit
verfestigt sich zum Charakter.
Achtet also sorgsam darauf, welche
Wege eure Gedanken einschlagen,
und lasst sie einer liebevollen
Einstellung entspringen,
der am Wohlergehen aller Wesen
gelegen ist.

ARISTOTELES

Du bist, was du zum wiederholten
Mal tust.

MARK AUREL

Deine Denkgewohnheiten werden
sich in deinen
Charaktereigenschaften
widerspiegeln, denn die Gedanken
färben auf die Seele ab.

DER ZEHNTE GURU GOBIND SINGH

Mach dich frei von deiner Skepsis.

THEODORE ROOSEVELT

Die Hände in den Schoß legen ist
das Schlechteste, was man tun kann.

LUKAS 6, 35–36

Liebt eure Feinde, tut Gutes,
und leiht, ohne etwas
zurückzuerwarten.
Seid barmherzig, wie auch euer
Vater barmherzig ist!

C. G. JUNG

Alles, was Sie an anderen stört,
kann Ihnen helfen,
sich selbst zu verstehen.

BUCH DER SPRICHWÖRTER 27, 6

Die Schläge eines Freundes bringen
Wahrhaftigkeit zum Ausdruck,
trügerisch hingegen sind die Küsse
eines Feindes.

BHAGAVADGITA

Glaube niemals, die Ursache für
die Ergebnisse deiner Handlungen
zu sein. Hafte aber ebenso wenig
an der Vorstellung,
deine Pflicht nicht zu erfüllen.

BUCH DER SPRICHWÖRTER 14, 23

In jeder Arbeit liegt Gewinn.

BHAGAVADGITA

Strebe nach Yoga,
der Kunst des Handelns.

LAOTSE, TAO TE KING

Erreiche dein Ziel, und damit
genug. Nutze diese Gelegenheit
nicht für eigenen Machtzuwachs.
Erreiche dein Ziel, doch rühme
dich dessen nicht.

BUCH DER SPRICHWÖRTER 11, 14

Viele Ratgeber sichern den Erfolg.

DRUIDISCHE WEISHEIT

Arbeitet . . . vor allem mit
spirituellen Mitteln.

SEINE HEILIGKEIT DER XIV. DALAI LAMA

Unsere Mitmenschen –
gleichgültig, wer oder was sie sind –
zu lieben, ferner ihre Würde und
ihre Rechte zu respektieren,
das ist letztlich alles,
was wir benötigen.

HYEMEYOHSTS STORM

Jeder Mensch hat
seinen eigenen Weg.
Und jeder Mensch *ist*
ein eigener Weg.

'ABDU'L-BAHA'I

Besinne dich
auf den Barmherzigen –
ertrage so jegliche
Schwierigkeit und Mühsal mit
von Herzen kommender Offenheit,
wachem Geist und
beredter Zunge.